AF188359

Impressum
Verlag: BABADADA GmbH, Nedderfeld 112 , 22529 Hamburg
Geschäftsführer / Verlagsleitung: Harald Hof
Druck: Books on Demand GmbH, In de Tarpen 42, 22848 Norderstedt

Imprint
Publisher: BABADADA GmbH, Nedderfeld 112 , 22529 Hamburg, Germany
Managing Director / Publishing direction: Harald Hof
Print: Books on Demand GmbH, In de Tarpen 42, 22848 Norderstedt, Germany

1

skola
مدرسه

klassrum
کلاس درس
dividera
تقسیم کردن
186/2
tavla
تخته
skolgård
lärare
معلم
papper
کاغذ
skriva
نوشتن
penna
خودکار
skrivbord
میز تحریر
linjal
خط کش
bok
کتاب
elev
دانش آموز

skolväska
کیف مدرسه

pennfodral
جامدادی

blyertspenna
مداد

pennvässare
تراش

suddgummi
پاک کن

ritblock
دفتر رسم

teckning

طراحی

pensel

قلم مو

målarlåda

جعبه ی آبرنگ

sax

قیچی

lim

چسب

övningsbok

کتاب تمرین

hemläxa

تکلیف خانه

tal

رقم

addera

جمع کردن

subtrahera

تفریق کردن

multiplicera

ضرب کردن

räkna

محاسبه کردن

bokstav

حرف الفبا

alfabet

الفبا

ord

کلمه

text

متن

läsa

خواندن

krita

گچ

lektion

درس

register

ثبت نام

prov

امتحان

intyg

مدرک رسمی

skoluniform

لباس مدرسه

utbildning

تحصیلات

uppslagsverk

دانشنامه

universitet

دانشگاه

mikroskop

میکروسکوپ

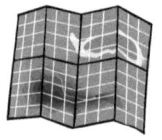

karta

نقشه

papperskorg

سبد کاغذ باطله

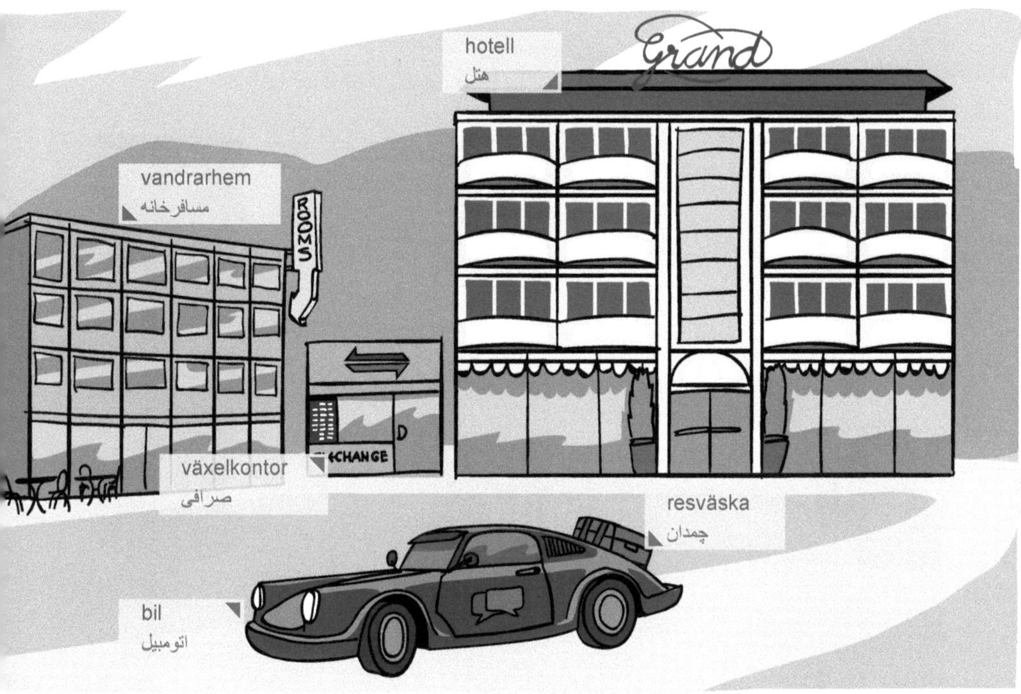

hotell
هتل
Grand
vandrarhem
مسافرخانه
ROOMS
EXCHANGE
växelkontor
صرافی
resväska
چمدان
bil
اتومبیل

språk
زبان

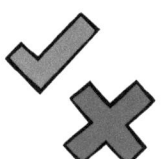

ja / nej
بله / خیر

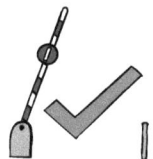

Okay
اکی

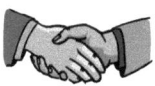

hej
سلام

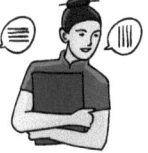

översättare
مترجم

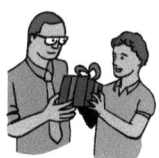

Tack
ممنون

hur mycket kostar…?

قیمت ... چه قدر است؟

jag förstår inte

من متوجه نمی شوم

problem

مشکل

God kväll!

عصر بخیر! / شب بخیر!

God morgon!

صبح بخیر!

God natt!

شب بخیر!

hejdå

خدانگهدار

riktning

جهت

bagage

بار سفر

väska

کیف

ryggsäck

کوله پشتی

gäst

مهمان

rum

اتاق

sovsäck

کیسه خواب

tält

خیمه

turistinformation

مرکز راهنمای گردشگران

strand

ساحل

kreditkort

کارت اعتباری

frukost

صبحانه

lunch

نهار

middag

شام

biljett

بلیط

hiss

آسانسور

frimärke

مهر

gräns

مرز

tull

گمرک

ambassad

سفارتخانه

visum

ویزا

pass

گذرنامه

transport

حمل و نقل

flygplan
هواپیما
fartyg
کشتی
brandbil
ماشین آتش نشانی
buss
اتوبوس
lastbil
کامیون
motorbåt
قایق موتوری
cykel
دوچرخه
bil
اتومبیل

färja

کشتی مسافربری

båt

قایق

motorcykel

موتورسیکلت

polisbil

ماشین پلیس

racerbil

ماشین مسابقه

hyrbil

ماشین کرایه ای

bilpool
....
به اشتراک گذاری اتوموبیل

bärgningsbil
....
جرثقیل

sopbil
....
ماشین حمل زباله

motor
....
موتور

bränsle
....
بنزین

bensinstation
....
پمپ بنزین

vägmärke
....
تابلو راهنمایی و رانندگی

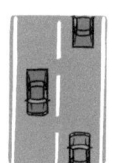

trafik
....
عبور و مرور

bilkö
....
ترافیک

parkeringsplats
....
پارکینگ

tågstation
....
ایستگاه قطار

räls
....
ریل راه آهن

tåg
....
قطار

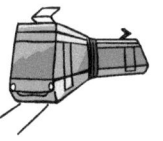

spårvagn
....
قطار برقی

vagn
....
واگن

helikopter

هلیکوپتر

flygplats

فرودگاه

torn

برج

passagerare

مسافر

container

کانتینر

kartong

کارتن

vagn

گاری

korg

سبد

starta / landa

به پرواز درآمدن / فرود آمدن

stad

شهر

by

دهکده

centrum

مرکز شهر

hus

خانه

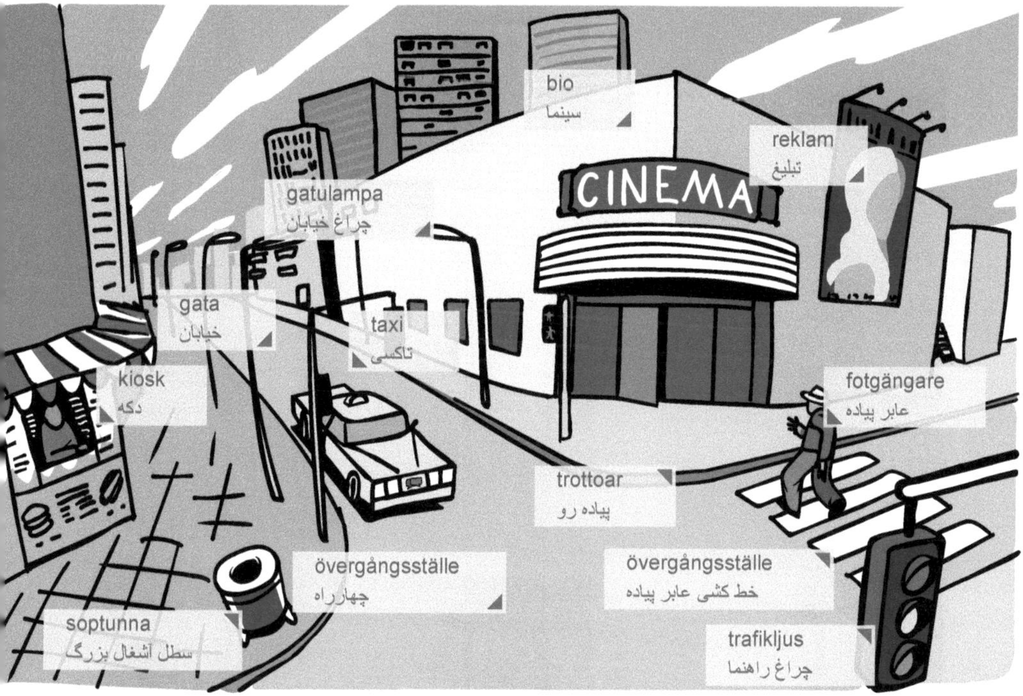

bio
سینما

reklam
تبلیغ

gatulampa
چراغ خیابان

CINEMA

gata
خیابان

taxi
تاکسی

kiosk
دکه

fotgängare
عابر پیاده

trottoar
پیاده رو

övergångsställe
چهارراه

övergångsställe
خط کشی عابر پیاده

soptunna
سطل آشغال بزرگ

trafikljus
چراغ راهنما

stuga

کلبه

lägenhet

آپارتمان

tågstation

ایستگاه قطار

stadshus

ساختمان شهرداری

museum

موزه

skola

مدرسه

universitet

دانشگاه

bank

بانک

sjukhus

بیمارستان

hotell

هتل

apotek

داروخانه

kontor

اداره

bokhandel

کتابفروشی

affär

مغازه

blomsterbutik

گل فروشی

stormarknad

سوپرمارکت

marknad

بازار

varuhus

فروشگاه بزرگ

fiskhandlare

ماهی فروش

köpcentrum

مرکز خرید

hamn

بندر

park

پارک

bänk

نیمکت

brygga

پل

trappa

پله

tunnelbana

مترو

tunnel

تونل

busshållplats

ایستگاه اتوبوس

bar

میخانه

restaurang

رستوران

brevlåda

صندوق پست

gatuskylt

تابلوی خیابان

parkeringsautomat

دستگاه پارکومتر

zoo

باغ وحش

simbassäng

استخر شنای عمومی

moské

مسجد

bondgård

مزرعه

förorening

آلودگی محیط زیست

kyrkogård

قبرستان

kyrka

کلیسا

lekplats

زمین بازی

tempel

معبد

landskap

چشم انداز

löv
برگ

vägskylt
تابلوی راهنمای مسیر

väg
راه

äng
چمنزار

sten
سنگ

träd
درخت

liftare
راه نورد

flod
رودخانه

gräs
چمن

blomma
گل

dal

دره

kulle

تپه

sjö

دریاچه

skog

جنگل

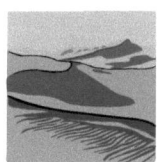

öken

بیابان

vulkan

کوه آتشفشان

slott

قلعه

regnbåge

رنگین کمان

svamp

قارچ

palm

درخت نخل

mygga

پشه

fluga

مگس

myra

مورچه

bi

زنبور

spindel

عنکبوت

skalbagge

سوسک

groda

قورباغه

ekorre

سنجاب

igelkott

جوجه تیغی

hare

خرگوش صحرایی

uggla

جغد

fågel

پرنده

svan

قو

vildsvin

گراز

rådjur

گوزن نر

älg

گوزن شمالی

damm

سد آب

vindkraftverk

توربین بادی

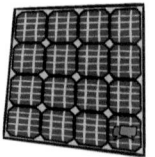

solcellspanel

صفحه ی خورشیدی

klimat

آب و هوا

restaurang

رستوران

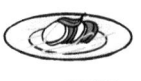

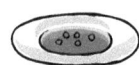

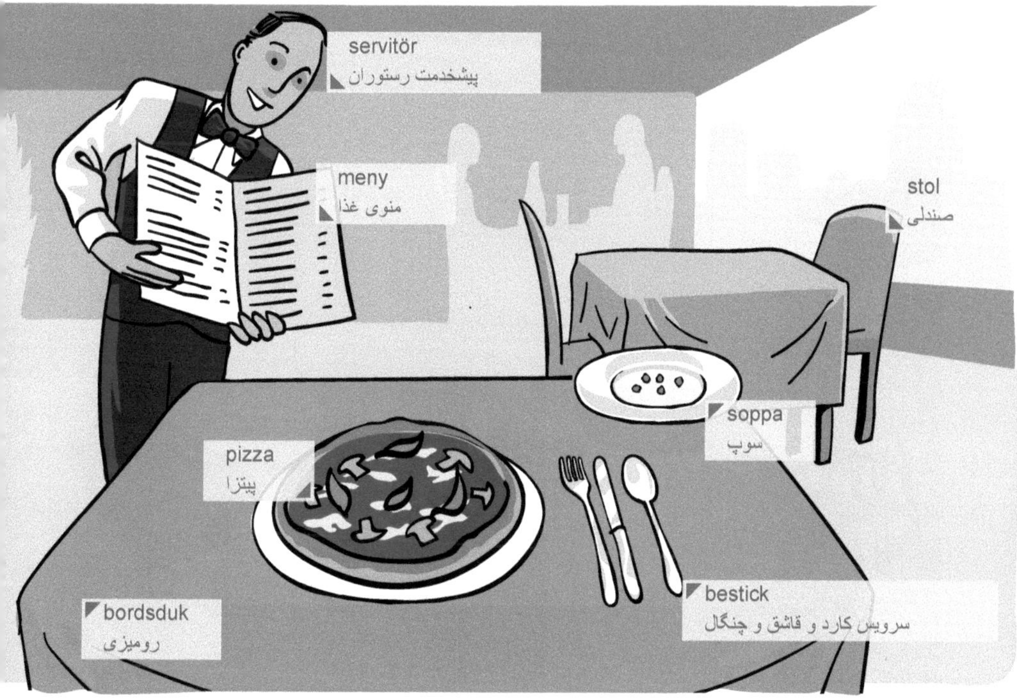
servitör
پیشخدمت رستوران
meny
منوی غذا
stol
صندلی
soppa
سوپ
pizza
پیتزا
bestick
سرویس کارد و قاشق و چنگال
bordsduk
رومیزی

förrätt
پیش‌غذا

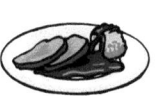

huvudrätt
غذای اصلی

dessert
دسر

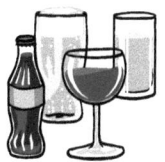

drycker
نوشیدنی ها

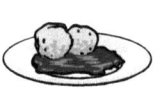

mat
غذا

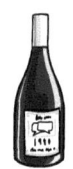

flaska
بطری

snabbmat

فست فود

street food

اغذیه خیابانی

tekanna

قوری

sockerskål

قندان

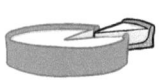

portion

پُرس غذا

espressomaskin

دستگاه اسپرسو

barnstol

صندلی پایه بلند غذاخوری بچه

räkning

صورتحساب

bricka

سینی

kniv

چاقو

gaffel

چنگال

sked

قاشق

tesked

قاشق چایخوری

servett

دستمال سفره

glas

لیوان

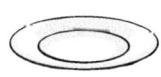

tallrik

بشقاب

sopptallrik

بشقاب سوپخوری

tefat

نعلبکی

sås

سس

saltkar

نمکدان

pepparkvarn

فلفل ساب

vinäger

سرکه

olja

روغن خوراکی

kryddor

ادویه جات

ketchup

سس کچاپ

senap

سس خردل

majonnäs

سس مایونز

stormarknad

سوپرمارکت

specialerbjudande
پیشنهاد ویژه
FOR
kund
مشتری
mejeriprodukter
لبنیات
frukt
میوه جات
varukorg
چرخ دستی خرید

charkuteri

قصابی

bageri

نانوایی

väga

وزن کردن

grönsaker

سبزیجات

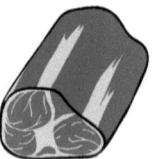

kött

گوشت

frysta livsmedel

غذای منجمد

pålägg

مخلوطی از انواع کالباس یا پنیر که
ورقه ای بریده شده باشند

konserver

غذای کنسروی

tvättmedel

پودر لباسشویی

godis

شیرینی جات

hushållsprodukter

لوازم خانگی

rengöringsmedel

ماده شوینده و پاک کننده

försäljare

فروشنده

kassa

صندوق پرداخت

kassör

صندوقدار

inköpslista

لیست خرید

öppettider

ساعات کار

plånbok

کیف پول

kreditkort

کارت اعتباری

väska

کیف

plastpåse

کیسه ی پلاستیکی

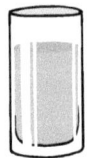

drycker

نوشیدنی ها

vatten

آب

juice

آبمیوه

mjölk

شیر

cola

نوشابه کوکاکولا

vin

شراب

öl

آبجو

alkohol

الکل

kakao

کاکائو

te

چای

kaffe

قهوه

espresso

قهوه اسپرسو

cappuccino

کاپوچینو

mat
غذا

banan

....

موز

äpple

....

سیب

apelsin

....

پرتقال

melon

....

انواع هندوانه و خربزه

citron

....

لیمو

morot

....

هویج

vitlök

....

سیر

bambu

....

نی بامبو

lök

....

پیاز

svamp

....

قارچ

nötter

....

آجیل

nudlar

....

ماکارونی

spaghetti

اسپاگتی

ris

برنج

sallad

سالاد

pommes frites

سیب زمینی سرخ کرده

stekt potatis

سیب زمینی سرخ شده

pizza

پیتزا

hamburgare

همبرگر

smörgås

ساندویچ

schnitzel

شنیتسل

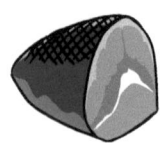

skinka

ژامبون خوک

salami

سالامی

korv

سوسیس

kyckling

مرغ

stek

نوعی گوشت سرخ شده

fisk

ماهی

havregryn

جوی پرک شده

müsli

نوعی صبحانه مخلوطی از برگه ذرت و
میوه های خشک شده و خشکبار که
معمولا با شیر خورده می شود

cornflakes

کورن‌فلکس

mjöl

آرد

croissant

کرواسان

fralla

نان بروتشن

bröd

نان

rostat bröd

نان تست

kex

بیسکویت

smör

کره

kvarg

کشک

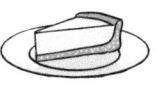

kaka

کیک

ägg

تخم مرغ

stekt ägg

تخم مرغ نیمرو

ost

پنیر

glass

بستنی

socker

شکر

honung

عسل

sylt

مربا

nougatkräm

کرم شکلاتی بادامی

curry

ادویه کاری

mat - غذا

bondgård

مزرعه

lantgård
خانه ی مزرعه داران
ladugård
انبار غله
halmbal
خرمن گاه
fält
مزرعه
häst
اسب
trailer
ماشین یدک کش
traktor
تراکتور
föl
کره اسب
åsna
خر
får
گوسفند
lamm
بره

get

بز

ko

گاو ماده

kalv

گوساله

gris

خوک

griskulting

بچه خوک

tjur

گاو نر

gås

غاز

anka

اردک

kyckling

جوجه

höna

مرغ

tupp

خروس

råtta

موش صحرایی

katt

گربه

mus

موش

oxe

گاو نر اخته

hund

سگ

hundkoja

لانه ی سگ

trädgårdsslang

شلنگ باغبانی

vattenkanna

آبپاش

lie

داس دسته بلند

plog

گاوآهن

skära

داس

hacka

کج بیل

högaffel

چنگک باغبانی

yxa

تبر

skottkärra

فرقون

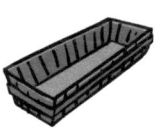

tråg

آبشخور

mjölkflaska

بطری نگهداری شیر

säck

کیسه

staket

حصار

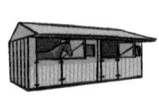

stall

اصطبل

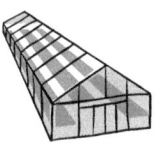

växthus

گلخانه

jord

خاک

säd

بذر

gödsel

کود

skördetröska

ماشین کمباین

skörda

برداشت کردن محصول

skörd

محصول

jams

تمیس

vete

گندم

soja

سویا

potatis

سیب زمینی

majs

ذرت

raps

کلزا

fruktträd

درخت میوه

maniok

گیاه مانیوک

spannmål

غلات

skorsten
دودکش
tak
پشت بام
stuprör
ناودان
fönster
پنجره
garage
گاراژ
dörrklocka
زنگ در
dörr
در
soptunna
سطل آشغال
brevlåda
صندوق مراسلات
trädgård
باغ

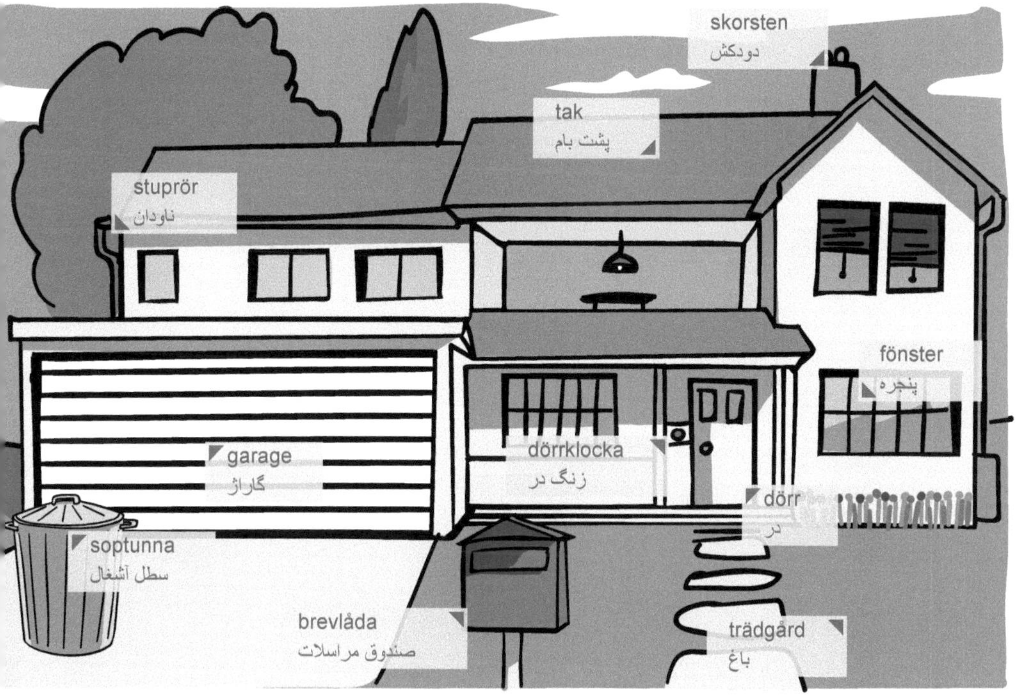

vardagsrum

اتاق نشیمن

badrum

حمام

kök

آشپزخانه

sovrum

اتاق خواب

barnrum

اتاق بچه

matsal

ناهارخوری

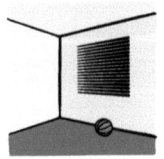

golv

كف زمين

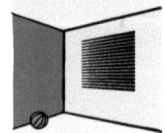

vägg

ديوار

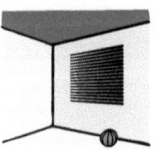

tak

سقف

källare

زيرزمين

bastu

سونا

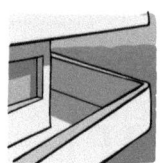

balkong

بالكن

terrass

تراس

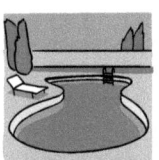

bassäng

استخر

gräsklippare

ماشين چمن‌زنی

lakan

ملافه

överkast

روتختی

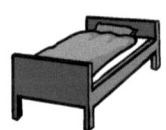

säng

تخت خواب

kvast

جارو

hink

سطل

strömbrytare

سويچ يا كليد

vardagsrum

اتاق نشیمن

tapet
کاغذ دیواری
bild
عکس
lampa
لامپ
hylla
قفسه
skåp
کابینت
TV
تلویزیون
eldstad
شومینه
blomma
گل
kudde
کوسن
soffa
کاناپه
vas
گلدان
fjärrkontroll
کنترل تلویزیون و ویدئو و غیره

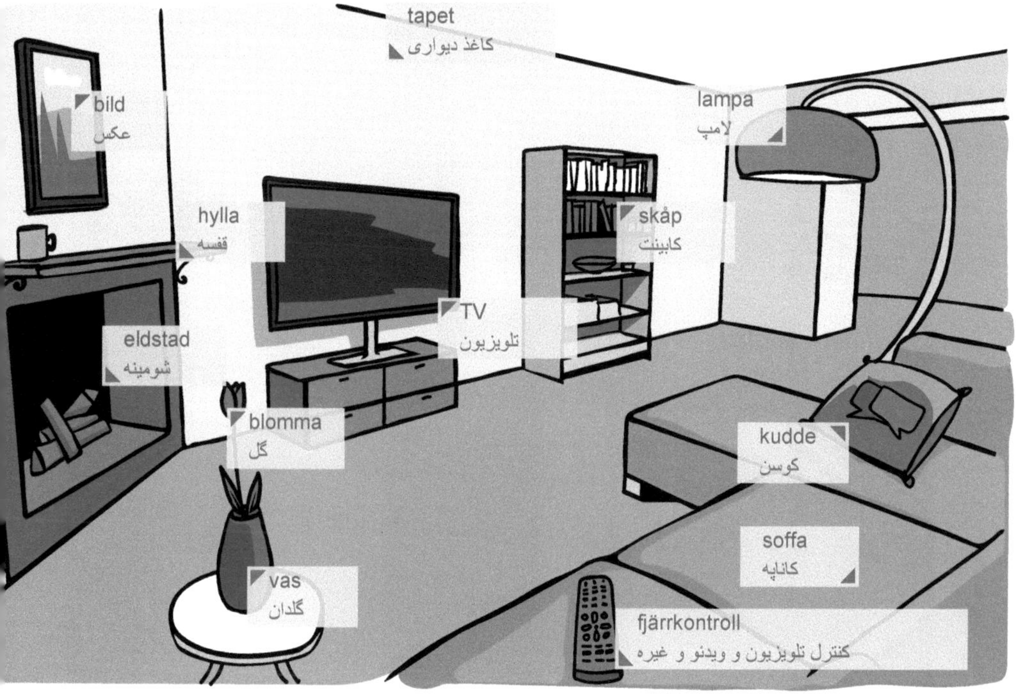

matta

فرش

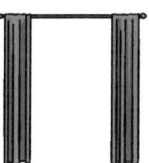

gardin

پرده

bord

میز

stol

صندلی

gungstol

صندلی گهواره ایی

fåtölj

صندلی راحتی

bok

كتاب

filt

لحاف

dekoration

دكوراسيون

vedträ

هيزم

film

فيلم

stereoanläggning

دستگاه ضبط صوت

nyckel

كليد

dagstidning

روزنامه

målning

تابلو نقاشى

poster

پوستر

radio

راديو

anteckningsbok

دفترچه يادداشت

dammsugare

جاروبرقى

kaktus

كاكتوس

stearinljus

شمع

kök
آشپزخانه

kylskåp
یخچال
mikrovågsugn
ماکروویو
köksvåg
brödrost
تُستر
rengöringsmedel
ماده شوینده و پاک کننده
ugn
فر خوراک پزی
frys
جایخی
soptunna
سطل آشغال
diskmaskin
ماشین ظرفشویی

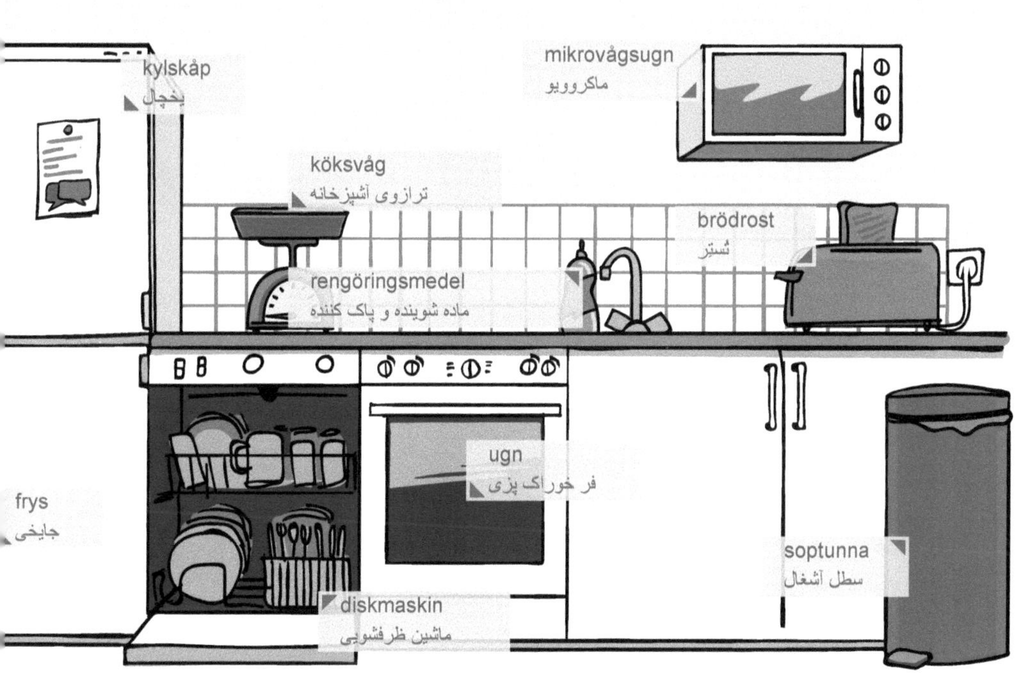

spis
اجاق گاز

kastrull
قابلمه

järngryta
قابلمه چدنی

wok / kadai
ماهی تابه گود

stekpanna
ماهی تابه

vattenkokare
کتری

ångkokare

بخارپز

bakplåt

سینی فر

porslin

ظرف چینی آشپزخانه

mugg

لیوان

skål

کاسه

ätpinnar

چاپستیک

soppslev

ملاقه

stekspade

کفگیر

visp

همزن

durkslag

آبکش

sil

آبکش

rivjärn

رنده

mortel

هاون

grill

باربیکیو

brasa

محل مخصوص افروختن آتش

skärbräda

تخته گوشت و سبزی

kavel

وردنه

korkskruv

در بطری بازکن

burk

قوطی

burköppnare

در قوطی بازکن

grytlapp

دستگیره پارچه ای

vask

سینک ظرفشویی

borste

برس گردگیری

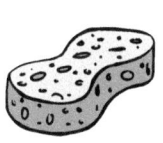

svamp

اسفنج

mixer

مخلوط کن

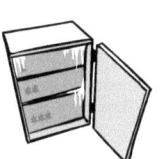

frys

فریزر

nappflaska

شیشه شیر بچه

kran

شیر آب

badrum

حمام

värme
بخاری
handduk
حوله
dusch
دوش
duschdraperi
پرده ی حمام
bubbelbad
حمام کف
badkar
وان حمام
glas
لیوان
tvättmaskin
ماشین لباسشویی
kran
شیر آب
kakel
کاشی
potta
لگن دستشویی کودکان
vask
سینک ظرفشویی

toalett

توالت

låg toalett

توالت ایرانی

bidet

کاسه توالت

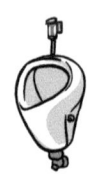

pissoar

توالت مخصوص آقایان

toalettpapper

دستمال توالت

toalettborste

فرچه توالت

tandborste

....

مسواک

tandkräm

....

خمیردندان

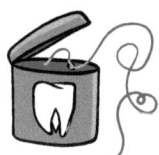

tandtråd

....

نخ دندان

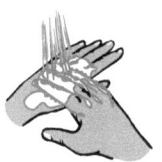

tvätta

....

شستن

handdusch

....

دوش آب تلفنی

intimdusch

....

شلنگ توالت

handfat

....

لگن روشویی

ryggborste

....

برس شست و شوی پشت

tvål

....

صابون

duschgel

....

شامپو بدن

schampo

....

شامپو

trasa

....

لیف حمام

avlopp

....

راه آب

crème

....

کرم

deodorant

....

اسپری دئودورانت

spegel

آیینه

handspegel

آیینه ی کوچک دستی

rakhyvel

تیغ ریش تراشی

raklödder

کف ریش تراشی

rakvatten

آفترشیو

kam

شانه ی سر

borste

برس

hårtork

سشوار

hårspray

اسپری مو

smink

آرایش

läppstift

رژلب

nagellack

لاک ناخن

bomullsvadd

پنبه

nagelsax

قیچی ناخن

parfym

عطر

necessär

کیف لوازم آرایشی و بهداشتی

pall

چهارپایه

våg

ترازو

badrock

حوله ی پالتویی

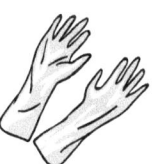

gummihandskar

دستکش ظرفشویی

tampong

تامپون

binda

نوار بهداشتی

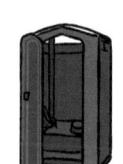

kemisk toalett

توالت سیار

barnrum

اتاق بچه

väckarklocka
ساعت زنگدار
gosedjur
نوعی عروسک نرم به شکل حیوانات
leksaksbil
ماشین اسباب بازی
skallra
جغجغه
dockhus
خانه ی عروسکی
present
کادو

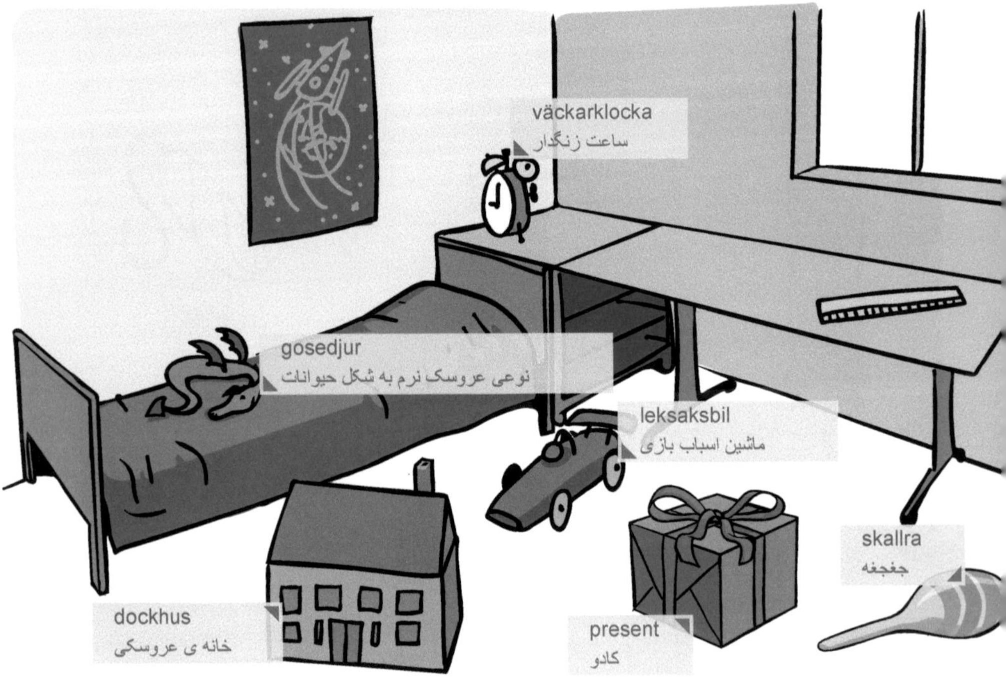

ballong

بادکنک

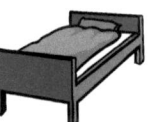

säng

تخت خواب

barnvagn

کالسکه بچه

kortlek

بازی ورق

pussel

پازل

serietidning

داستان مصور

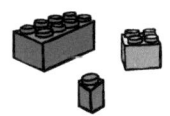

legobitar

اسباب بازی لگو

klossar

خانه سازی

actionfigur

عروسک شخصیت های فیلم و کارتون

sparkdräkt

لباس نوزاد

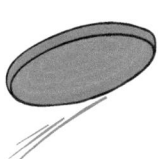

frisbee

فریزبی

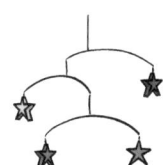

mobil

نوعی اسباب بازی که روی تخت نوزاد
یا کودک نصب می شود

brädspel

بازی روی صفحه

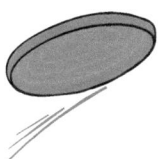

tärning

تاس

modelljärnväg

قطار اسباب بازی

napp

پستانک

party

مهمانی

bilderbok

کتاب مصور

boll

توپ

docka

عروسک

spela

بازی کردن

sandlåda

جعبه شنی مخصوص بازی کودکان

gunga

تاب

leksaker

اسباب بازی

spelkonsol

کنسول بازی های کامپیوتری

trehjuling

سه چرخه

nalle

خرس عروسکی

garderob

کمد لباس

kläder

لباس

sockar

جوراب

strumpor

جوراب زنانه ساق بلند

tights

جوراب شلواری

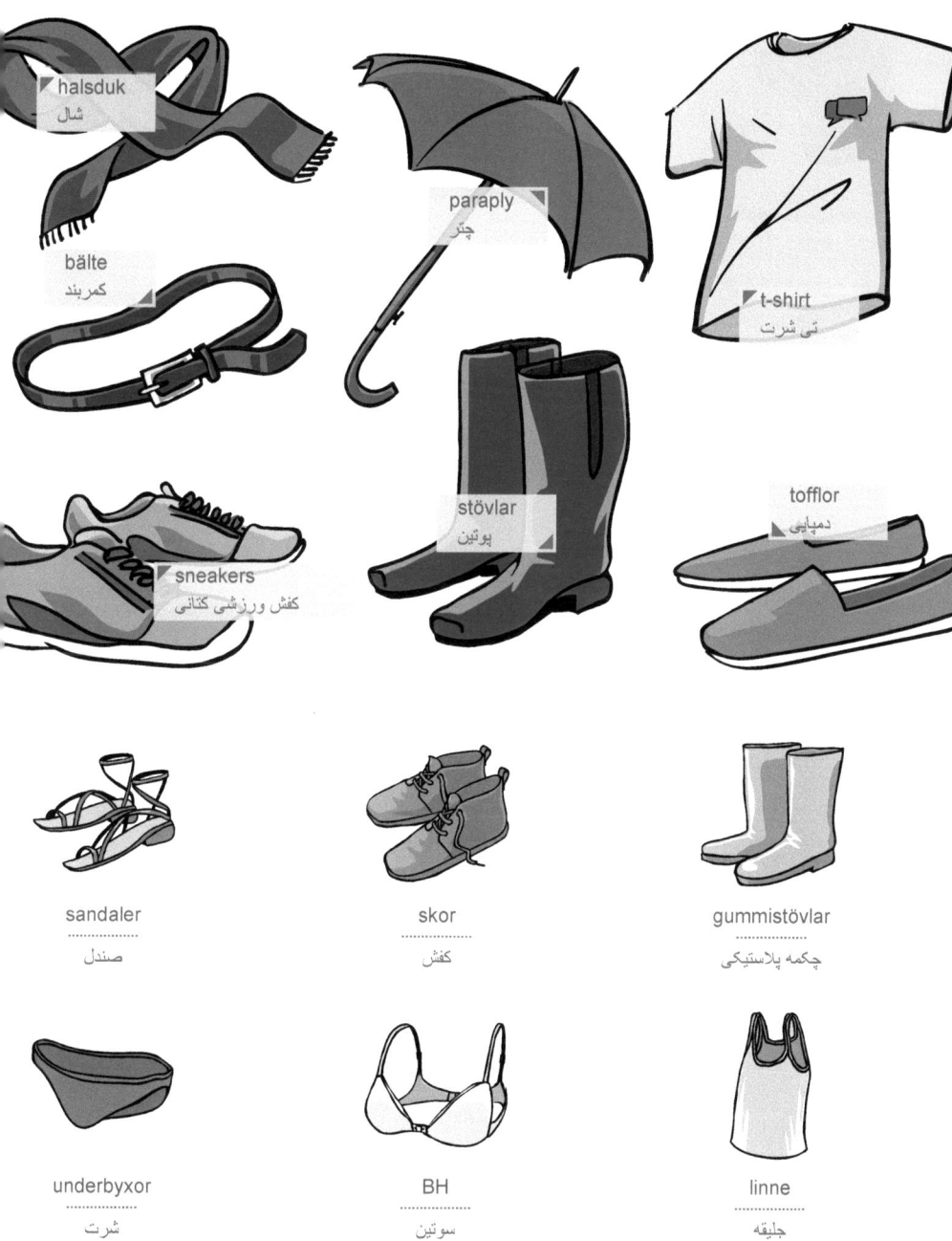

halsduk
شال

paraply
چتر

t-shirt
تی شرت

bälte
کمربند

stövlar
پوتین

tofflor
دمپایی

sneakers
کفش ورزشی کتانی

sandaler
··········
صندل

skor
··········
کفش

gummistövlar
··········
چکمه پلاستیکی

underbyxor
··········
شرت

BH
··········
سوتین

linne
··········
جلیقه

body

بادی

byxor

شلوار

jeans

جین

kjol

دامن

blus

بلوز

skjorta

پیراهن

pullover

پولیور

sweater

سویی شرت

blazer

نوعی کت

jacka

ژاکت

kappa

کت بلند

regnjacka

بارانی

dräkt

لباس نمایش

klänning

لباس

bröllopsklänning

لباس عروس

kostym

کت و شلوار

nattlinne

لباس خواب زنانه

pyjamas

پیژامه

sari

ساری

slöja

روسری

turban

عمامه

burka

برقع

kaftan

قبا

abaya

عبا

baddräkt

لباس شنا

badbyxor

شرت شنا

shorts

شلوارک

träningsoverall

لباس ورزشی

förkläde

پیشبند

handskar

دستکش

knapp

دکمه

glasögon

عینک

armband

دستبند

halsband

گردنبند

ring

انگشتر

örhänge

گوشواره

mössa

کلاه لبه دار

galge

چوب لباسی

hatt

کلاه

slips

کراوات

dragkedja

زیپ

hjälm

کلاه ایمنی

hängslen

بند شلوار

skoluniform

لباس مدرسه

uniform

لباس فرم

haklapp

پیش بند بچه

napp

پستانک

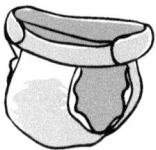

blöja

پوشک بچه

kontor

اداره

server
سرور
dokumentskåp
کمد نگهداری پرونده
skrivare
چاپگر
papper
کاغذ
bildskärm
مانیتور
mus
ماوس
skrivbord
میز تحریر
mapp
زونکن
tangentbord
صفحه کلید
papperskorg
سبد کاغذ باطله
dator
کامپیوتر
stol
صندلی

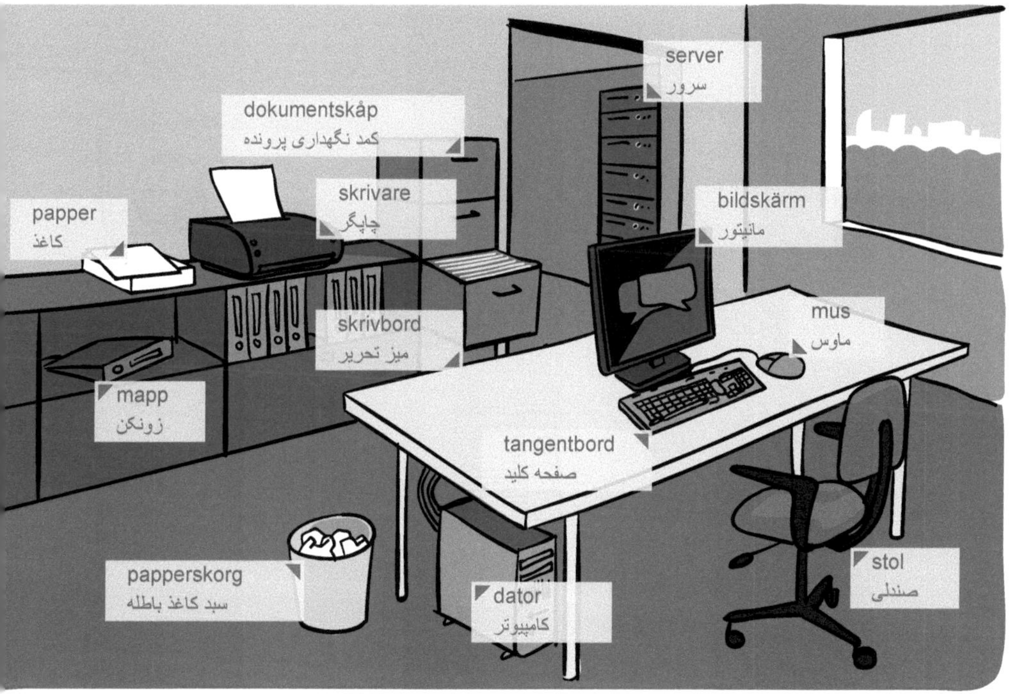

kaffemugg

لیوان قهوه

miniräknare

ماشین حساب

internet

اینترنت

bärbar dator

لپ تاپ

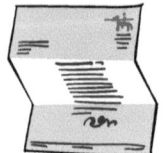

brev

نامه

meddelande

پیغام

mobiltelefon

تلفن همراه

nätverk

شبکه ی ارتباطی

kopieringsapparat

دستگاه فتوکپی

programvara

نرم افزار

telefon

تلفن

vägguttag

پریز

fax

دستگاه فاکس

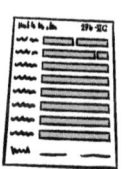

blankett

فرم

dokument

مدرک

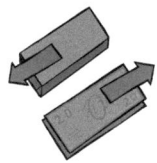

köpa

خریدن

betala

پرداخت کردن

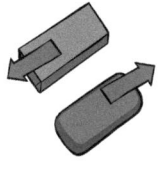

handla

تجارت کردن

pengar

پول

dollar

دلار

euro

یورو

yen

ین

rubel

روبل

schweizisk franc

فرانک سوئیس

renminbi yan

یوان رنمینبی

rupie

روپیه

bankomat

دستگاه خودپرداز

växelkontor

صرافی

guld

طلا

silver

نقره

olja

نفت

energi

انرژی

pris

قیمت

kontrakt

قرارداد

skatt

مالیات

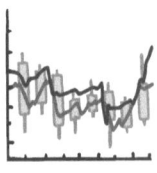

aktie

سهام سرمایه

arbeta

کار کردن

anställd

کارمند

arbetsgivare

کارفرما

fabrik

کارخانه

affär

مغازه

polis
مامور پلیس

brandman
آتش نشان

kock
آشپز

läkare
دکتر

pilot
خلبان

trädgårdsmästare

باغبان

snickare

نجار

sömmerska

خیاط زنانه

domare

قاضی

kemist

شیمیدان

skådespelare

بازیگر

busschaufför

راننده اتوبوس

taxichaufför

راننده تاکسی

fiskare

ماهیگیر

städerska

نظافتچی زن

takläggare

سقف ساز

servitör

پیشخدمت رستوران

jägare

شکارچی

målare

نقاش

bagare

نانوا

elektriker

برقکار

byggarbetare

کارگر ساختمانی

ingenjör

مهندس

slaktare

قصاب

rörmokare

لوله کش

brevbärare

پستچی

soldat

سرباز

arkitekt

معمار

kassör

صندوقدار

florist

گل فروش

frisör

آرایشگر

konduktör

مامور کنترل بلیط در قطار

mekaniker

مکانیک

kapten

ناخدا

tandläkare

دندانپزشک

vetenskapsman

دانشمند

rabbin

عالم یهودی

imam

امام

munk

راهب

präst

کشیش

verktyg

ابزارآلات

tång
انبردست
hammare
چکش
skruvmejsel
پیچ گوشتی
ficklampa
چراغ قوه
skiftnyckel
آچار

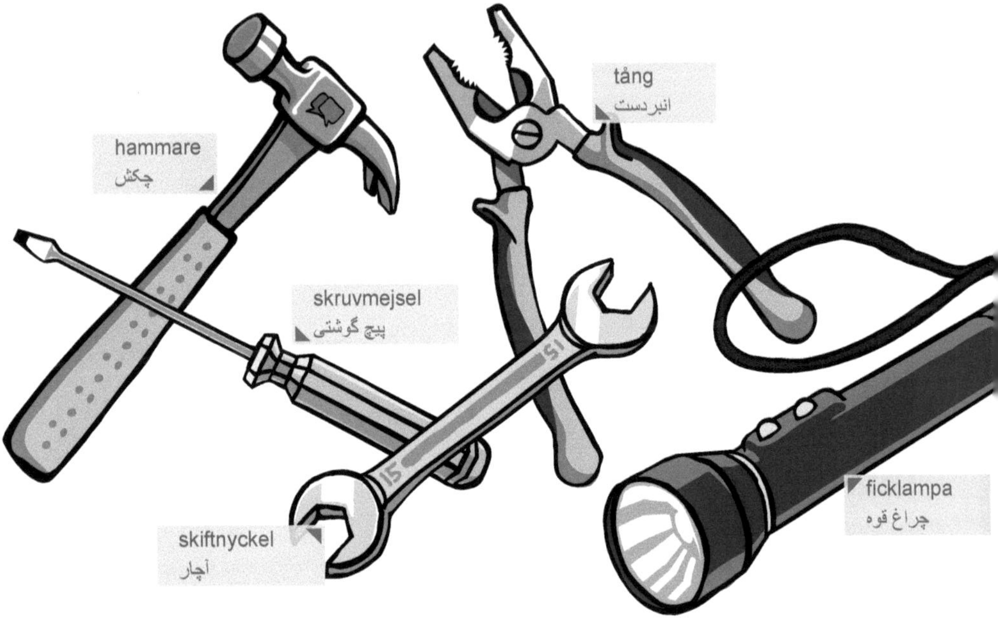

grävmaskin

بیل مکانیکی

verktygslåda

جعبه ابزار

stege

نردبان

såg

ارّه

spik

میخ

borr

مته

reparera

تعمیر کردن

spade

بیل

Helvete!

لعنتی!

sopskyffel

خاک انداز

färgburk

سطل رنگرزی

skruvar

پیچ

musikinstrument

آلات موسیقی

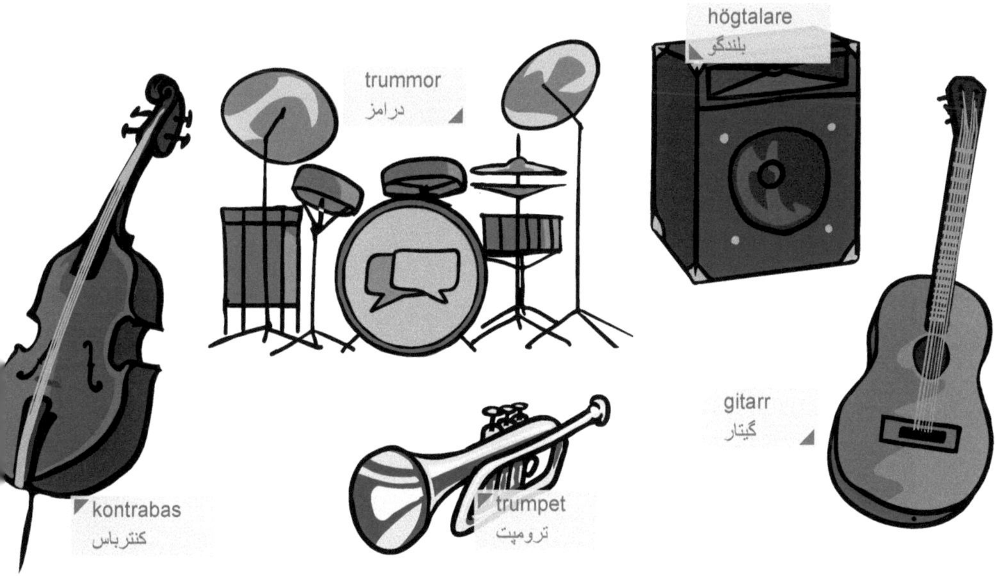

högtalare

بلندگو

trummor

درامز

gitarr

گیتار

kontrabas

کنترباس

trumpet

ترومپت

piano

پیانو

violin

ویولن

bas

گیتار بیس

timpani

تیمپانی

trumma

طبل

keyboard

کیبورد الکتریک

saxofon

ساکسیفون

flöjt

فلوت

mikrofon

میکروفون

tiger
ببر

bur
قفس

zebra
گورخر

djurfoder
خوراک حیوانات

ingång
ورودی

panda
خرس پاندا

djur

حیوانات

elefant

فیل

känguru

کانگورو

noshörning

کرگدن

gorilla

گوریل

björn

خرس

kamel

شتر

struts

شترمرغ

lejon

شیر

apa

میمون

flamingo

فلامینگو

papegoja

طوطی

isbjörn

خرس قطبی

pingvin

پنگوئن

haj

کوسه

påfågel

طاووس

orm

مار

krokodil

تمساح

djurskötare

نگهبان باغ وحش

säl

خوک آبی

jaguar

پلنگ امریکایی

ponny

اسب کوچک

leopard

پلنگ

flodhäst

اسب آبی

giraff

زرافه

örn

عقاب

vildsvin

گراز

fisk

ماهی

sköldpadda

لاک پشت

valross

شیرماهی

räv

روباه

gazell

غزال

sport

ورزش ها

amerikansk fotboll
فوتبال آمریکایی
cykling
دوچرخه سواری
tennis
تنیس
basket
بسکتبال
simning
شنا
boxning
بوکس
ishockey
هاکی روی یخ

fotboll

فوتبال

badminton

بدمینتون

friidrott

دوومیدانی

handboll

هندبال

skidåkning

اسکی

polo

پولو

skratta
خندیدن
hoppa
پریدن
krama
بغل کردن
gå
راه رفتن
sjunga
آواز خواندن
drömma
رؤیا دیدن
be
دعا کردن
kyssa
بوسیدن

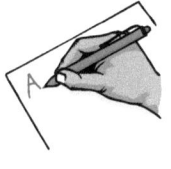

skriva

نوشتن

rita

رسم کردن

visa

نشان دادن

skjuta

هل دادن

ge

دادن

ta

برداشتن

hagel

داشتن

göra

انجام دادن

vara

بودن

stå

ایستادن

springa

دویدن

dra

کشیدن

kasta

پرتاب کردن

falla

افتادن

ligga

دراز کشیدن

vänta

منتظر بودن

bära

حمل کردن

sitta

نشستن

klä på

لباس پوشیدن

sova

خوابیدن

vakna

بیدار شدن

se på

تماشا کردن

gråta

گریه کردن

smeka

نوازش کردن

kamma

شانه کردن

prata

حرف زدن

förstå

فهمیدن

fråga

پرسیدن

höra

شنیدن

dricka

آشامیدن

äta

خوردن

städa

مرتب کردن

älska

عاشق بودن

laga mat

پختن

köra

رانندگی کردن

flyga

پرواز کردن

segla

قایقرانی کردن

räkna

محاسبه کردن

läsa

خواندن

lära sig

یاد گرفتن

arbeta

کار کردن

gifta sig

ازدواج کردن

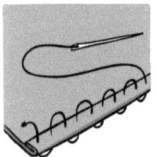

sy

دوختن

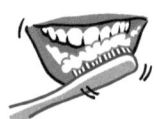

borsta tänderna

مسواک زدن

döda

کشتن

röka

سیگار کشیدن

skicka

فرستادن

rmor/farmor
مادربز
morfar/farfar
پدربزرگ
pappa
پدر
mamma
مادر
baby
کودک
dotter
فرزند دختر
son
فرزند پسر

gäst

مهمان

moster/faster

خاله، عمه

farbror/morbror

دایی، عمو

bror

برادر

syster

خواهر

kropp

بدن

panna
پیشانی
öga
چشم
skuldra
شانه
finger
انگشت دست
ansikte
صورت
haka
چانه
hand
دست
bröst
سینه
ben
ساق پا
arm
بازو

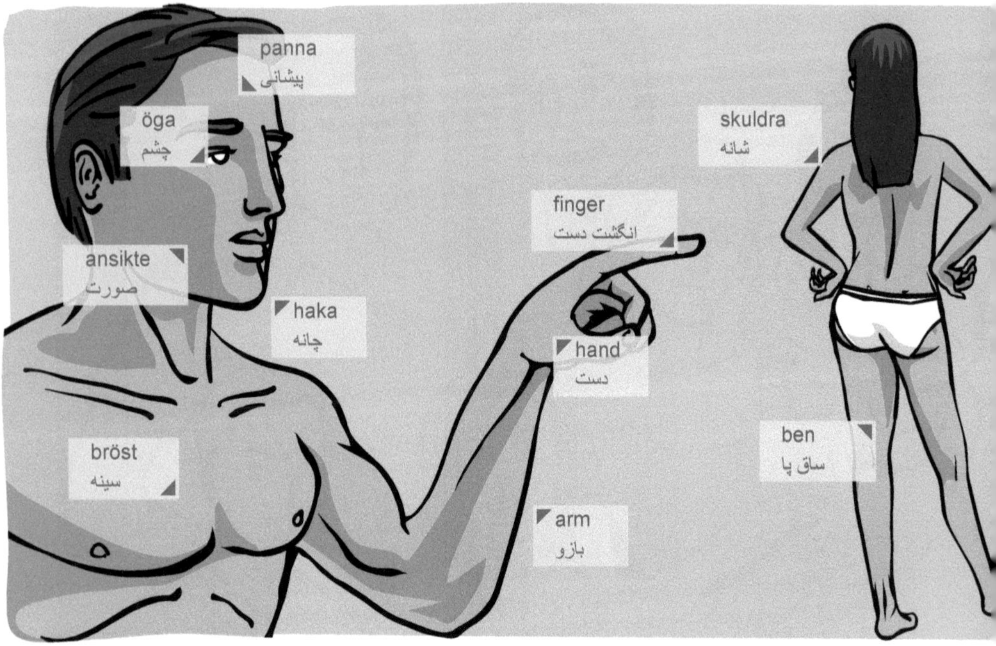

baby

کودک

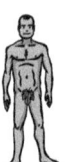

man

مرد

kvinna

زن

flicka

دختربچه

pojke

پسربچه

huvud

کله

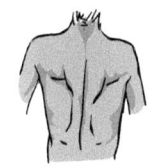

rygg

کمر

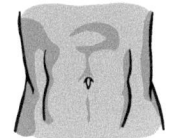

mage

شکم

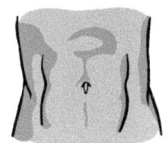

navel

ناف

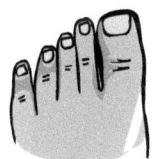

tå

انگشت پا

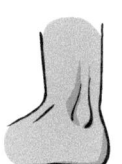

häl

پاشنه

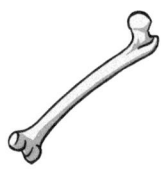

ben

استخوان

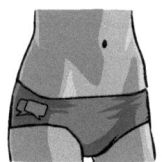

höft

لگن

knä

زانو

armbåge

آرنج

näsa

بینی

stjärt

نشیمنگاه

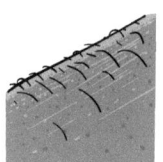

hud

پوست

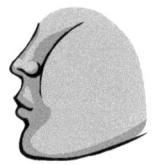

kind

گونه

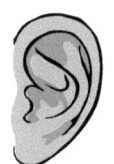

öra

گوش

läpp

لب

mun

دهان

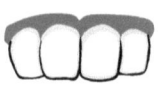

tand

دندان

tunga

زبان

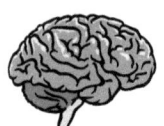

hjärna

مغز

hjärta

قلب

muskel

عضله

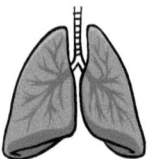

lunga

ريه

lever

كبد

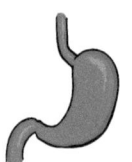

magsäck

معده

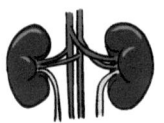

njurar

كليه

sex

آميزش جنسى

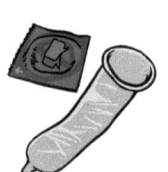

kondom

كاندوم

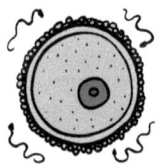

äggcell

تخمک

sperma

اسپرم

graviditet

حاملگى

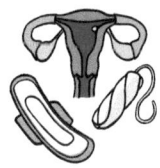

menstruation

پریود

vagina

واژن

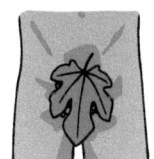

penis

آلت تناسلی مرد

ögonbryn

ابرو

hår

مو

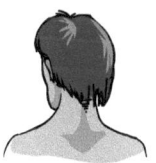

nacke

گردن

sjukhus
بیمارستان

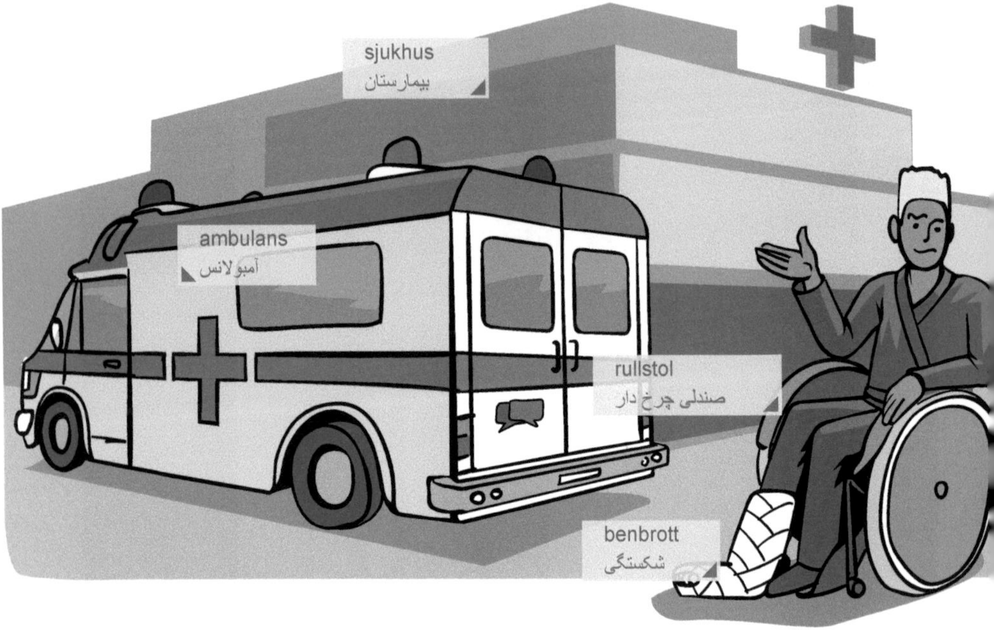

sjukhus
بیمارستان
ambulans
آمبولانس
rullstol
صندلی چرخ دار
benbrott
شکستگی

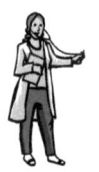

läkare

دکتر

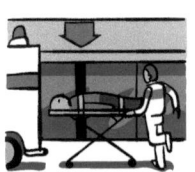

akutmottagning

بخش اورژانس

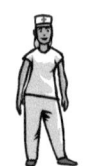

sjuksköterska

پرستار

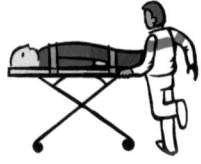

nödsituation

موقعیت اضطراری

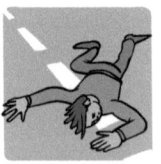

medvetslös

بی هوش

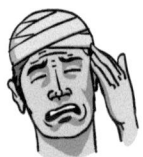

smärta

درد

skada

مصدومیت

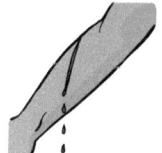

blödning

خونریزی

hjärtattack

سکته قلبی

slaganfall

سکته مغزی

allergi

آلرژی

hosta

سرفه

feber

تب

influensa

آنفولانزا

diarré

اسهال

huvudvärk

سردرد

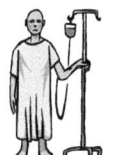

cancer

سرطان

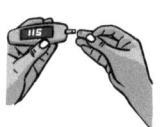

diabetes

دیابت

kirurg

جراح

skalpell

چاقوی جراحی

operation

عمل جراحی

CT

سی تی اسکن

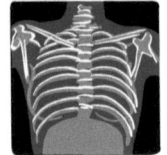

röntgen

پرتونگاری

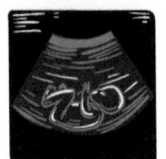

ultraljud

سونوگرافی

ansiktsmask

ماسک صورت

sjukdom

بیماری

väntsal

اتاق انتظار

krycka

چوب زیر بغل

plåster

چسب زخم

bandage

پانسمان

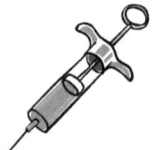

injektion

تزریق

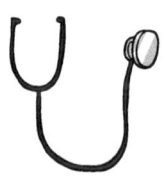

stetoskop

گوشی طبی

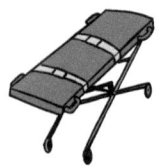

bår

برانکار

termometer

دماسنج

födsel

زایش

övervikt

اضافه وزن

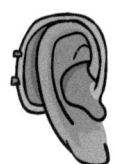

hörapparat

سمعک

desinfektionsmedel

ماده ضد غفونی کننده

infektion

عفونت

virus

ویروس

HIV / AIDS

اچ آی وی / ایدز

medicin

دارو

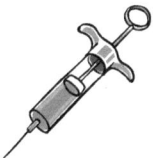

vaccination

واکسیناسیون

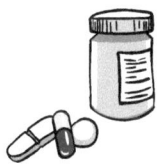

tabletter

قرص

p-piller

قرص ضد حاملگی

nödsamtal

تماس اظطراری

blodtrycksmätare

دستگاه اندازه گیری فشارخون

sjuk / frisk

مریض / سالم

nödsituation
موقعیت اضطراری

Hjälp!

کمک!

alarm

آژیر خطر

överfall

حمله

misshandel

حمله ی فیزیکی

fara

خطر

nödutgång

خروج اظطراری

Det brinner!

آتش

brandsläckare

کپسول آتش‌نشانی

olycka

تصادف

förbandslåda

جعبه کمک های اولیه

SOS

درخواست کمک

polis

پلیس

Jorden
کره زمین

Europa
....
اروپا

Nordamerika
....
آمریکای شمالی

Sydamerika
....
آمریکای جنوبی

Afrika
....
آفریقا

Asien
....
آسیا

Australien
....
استرالیا

Atlanten
....
اقیا نوس اطلس

Stilla Havet
....
اقیانوس آرام

Indiska Oceanen
....
اقیانوس هند

Antarktiska Oceanen
....
اقیا نوس اطلس جنوبی

Arktiska Oceanen
....
اقیانوس منجمد شمالی

Nordpol
....
قطب شمال

Sydpol

قطب جنوب

Antarktis

قاره قطب جنوب

Jorden

کره زمین

land

سرزمین

hav

دریا

ö

جزیره

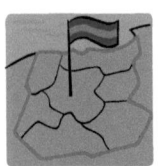

nation

ملت

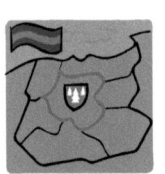

stat

کشور

klocka
ساعت

urtavla

صفحه ی ساعت

timvisare

ساعت شمار

minutvisare

دقیقه شمار

sekundvisare

ثانیه شمار

Vad är klockan?

ساعت چند است؟

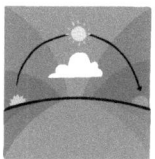

dag

روز

tid

زمان

nu

اکنون

digital klocka

ساعت دیجیتال

minut

دقیقه

timme

ساعت

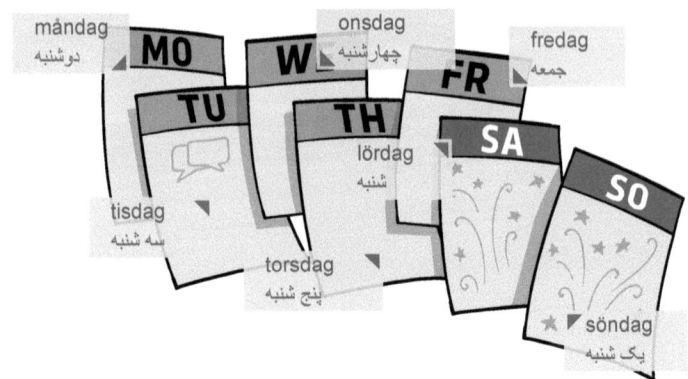

vecka

هفته

måndag
دوشنبه
MO
tisdag
سه شنبه
TU
onsdag
چهارشنبه
W
torsdag
پنج شنبه
TH
fredag
جمعه
FR
lördag
شنبه
SA
söndag
یک شنبه
SO

1

igår

دیروز

2

idag

امروز

imorgon

فردا

morgon

صبح

middag

ظهر

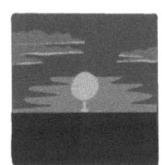

kväll

غروب

MO TU WE TH FR SA SU
1 2 3 4 5 6 7
8 9 10 11 12 13 14
15 16 17 18 19 20 21
22 23 24 25 26 27 28
29 30 31 1 2 3 4

vardagar

روزهای کاری

MO TU WE TH FR SA SU
1 2 3 4 5 6 7
8 9 10 11 12 13 14
15 16 17 18 19 20 21
22 23 24 25 26 27 28
29 30 31 1 2 3 4

helg

آخر هفته

regn
باران

regnbåge
رنگین کمان

vind
باد

snö
برف

vår
بهار

höst
پاییز

sommar
تابستان

vinter
زمستان

4.APRIL	11°	☀
5.APRIL	4°	☁
6.APRIL	13°	⛆
7.APRIL	8°	☀
8.APRIL	10°	❄

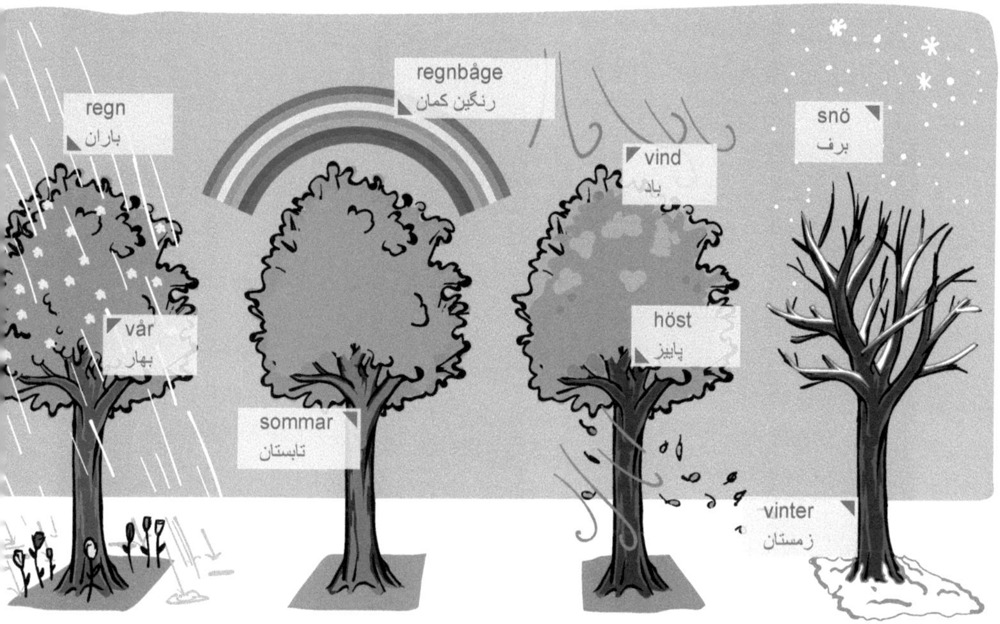

väderprognos

پیش‌بینی اوضاع جوی

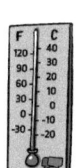

termometer

دماسنج

solsken

تابش آفتاب

moln

ابر

dimma

مه

luftfuktighet

رطوبت هوا

blixt

صاعقه

åska

آسمان غره

storm

طوفان

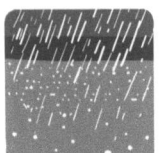

hagel

تگرگ

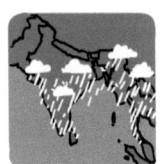

monsun

باد موسمی

översvämning

سیل

is

یخ

januari

ژانویه

februari

فوریه

mars

مارس

april

اوریل

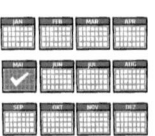

maj

مه

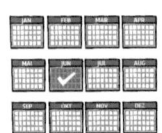

juni

ژوئن

juli

ژوئیه

augusti

آگوست

september

سپتامبر

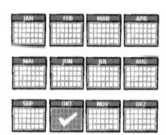

oktober

اكتبر

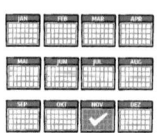

november

نوامبر

december

دسامبر

former

أشكال

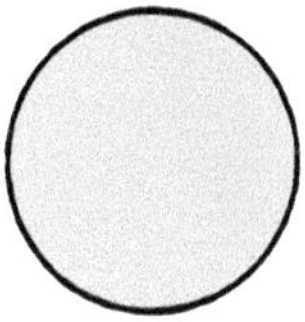

cirkel

دايره

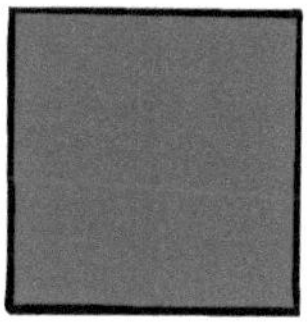

kvadrat

مربع

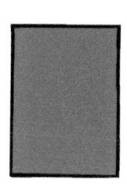

rektangel

مستطيل

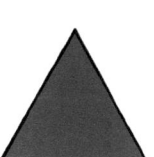

triangel

سه گوش

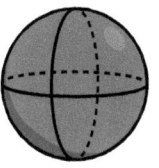

sfär

گره

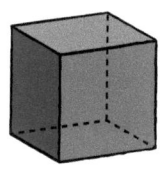

kub

مكعب مربع

former - أشكال 83

färger
رنگ ها

vit

سفید

gul

زرد

orange

نارنجی

rosa

صورتی

röd

قرمز

lila

بنفش

blå

آبی

grön

سبز

brun

قهوه ای

grå

خاکستری

svart

سیاه

motsatser
متضاد ها

mycket / lite

خیلی / کم

arg / lugn

خشمگین/ آرام

vacker / ful

زیبا / زشت

början / slut

شروع / پایان

stor / liten

بزرگ / کوچک

ljus / mörk

روشن / تیره

bror / syster

برادر / خواهر

ren / smutsig

تمیز / آلوده

komplett / ofullständig

کامل / ناقص

dag / natt

روز / شب

död / levande

مرده / زنده

bred / smal

پهن / باریک

ätlig / oätlig

قابل خوردن / غیر قابل خوردن

ond / god

غضبناک / مهربان

upphetsad / uttråkad

هیجان زده / بی حوصله

tjock / smal

چاق / لاغر

först / sist

اولین / آخرین

vän / fiende

دوست / دشمن

full / tom

پر / خالی

hård / mjuk

سفت / نرم

tung / lätt

سنگین / سبک

hunger / törst

گرسنگی / تشنگی

sjuk / frisk

مریض / سالم

olaglig / laglig

غیرقانونی / قانونی

intelligent / dum

باهوش / خنگ

vänster / höger

چپ / راست

nära / långt bort

نزدیک / دور

ny / begagnad

نو / استفاده شده

inget / något

هیچ چیز / چیزی

gammal / ung

پیر / جوان

på / av

روشن / خاموش

öppen / stängd

باز / بسته

tyst / högljudd

آهسته / بلند

rik / fattig

ثروتمند / فقیر

rätt / fel

درست / غلط

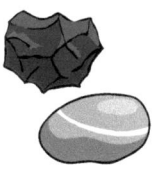

grov / slät

زبر / صاف

ledsen / glad

غمگین / خوشحال

kort / lång

کوتاه / بلند

långsam / snabb

کند / تند

våt / torr

تَر / خُشک

varm / sval

گرم / خنک

krig / fred

جنگ / صلح

0	1	2
noll	ett	två
صفر	یک	دو
3	4	5
tre	fyra	fem
سه	چهار	پنج
6	7	8
sex	sju	åtta
شش	هفت	هشت
9	10	11
nio	tio	elva
نه	دَه	یازده

12
tolv

دوازده

13
tretton

سیزده

14
fjorton

چهارده

15
femton

پانزده

16
sexton

شانزده

17
sjutton

هفده

18
arton

هجده

19
nitton

نوزده

20
tjugo

بیست

100
hundra

صد

1.000
tusen

هزار

1.000.000
miljon

میلیون

språk
زبان ها

engelska

انگلیسی

amerikansk engelska

انگلیسی آمریکایی

kinesisk mandarin

چینی ماندارین

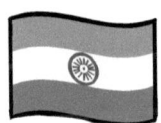

hindi

هندی

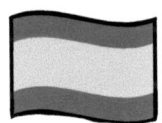

spanska

اسپانیایی

franska

فرانسوی

arabiska

عربی

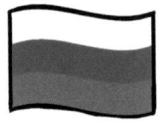

ryska

روسی

portugisiska

پرتغالی

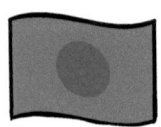

bengali

بنگالی

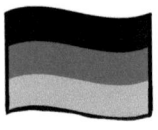

tyska

آلمانی

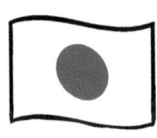

japanska

ژاپنی

vem / vad / hur

چه کسی / چه چیزی / چگونه

jag

من

du

تو

han / hon / den (det)

او

vi

ما

ni

شما

de

آنها

vem?

چه کسی؟ کی؟

vad?

چی؟

hur?

چگونه؟

var?

کجا؟

när?

کی؟

namn

نام

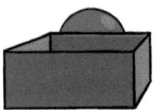

var

کجا

bakom

پشت

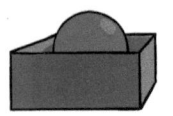

i

توی

framför

جلو

över

بالای

på

روی

under

زیر

bredvid

مجاور

mellan

بین

plats

مکان